Rolf Dobelli

JETZT SIND SIE GEFRAGT

DIOGENES

Der Diogenes Verlag wird vom Bundesamt für Kultur
für die Jahre 2026–2028 unterstützt

Diogenes Verlag AG Zürich
info@diogenes.ch · www.diogenes.ch
In Fragen zur Produktsicherheit (GPSR):
truepages UG (haftungsbeschränkt)
Westermühlstraße 29, 80469 München
info@truepages.de
50/26/61/2
ISBN 978 3 257 07370 6

Vorwort

Ein sonniger Tag vor etwa 300 000 Jahren. Eine offene Savannenlandschaft mit Waldinseln, ein Fluss, eine Büffelherde, im Hintergrund das Schwarzdunkel von Urwald. Schon vor einer ganzen Weile hatten wir uns von unseren gemeinsamen, affenartigen Vorfahren getrennt und waren unter dem Label »Homo sapiens« auf den Beinen.

An jenem sonnigen Tag also – vielleicht hat es auch geregnet – stellte ein Exemplar dieser neuartigen Säugetierart zum ersten Mal eine Frage. Dieser Urmensch wusste damals nicht, dass das, was er soeben von sich gegeben hatte, eine Frage war. Aber er merkte sofort, dass diese Silben eine viel stärkere Kraft entfalteten als alles bisherige

Grunzen, das »Stein« oder »Baum« oder »dort« bedeutete. Vielleicht war es eine simple Frage, ein »Wo?« oder ein »Was?«. Vielleicht war es eine größere Frage: »Wer bist du?«

Sofort war klar, dass Fragen etwas völlig Neues vermochten: Fragen stießen Türen auf, Türen zu einem größeren Universum. Plötzlich war alles, was da war – die Landschaft, der Urwald, der Fluss, der Himmel, die anderen Wesen –, nicht mehr einfach gegeben. Man konnte die Dinge infrage stellen, begreifen, umdenken.

Von jenem Tag an durfte man diese neue Säugetierart als »Mensch« bezeichnen. Die Fähigkeit, Fragen zu stellen, macht den Menschen zum Menschen. Keine Pflanze schafft das, kein Tier, auch keine künstliche Intelligenz.

Fragen sind turbogeladene Sätze. Sie beschleunigen das klare Denken. Sie machen weiser. Manchmal sind sie wie Handgranaten; sie zertrümmern Denkmuster. Vor allem aber sind Fragen die Wegbereiter einer immer neuen Welt.

Fragen sind meine Leidenschaft. Im Jahr 2007 schrieb ich mein erstes Fragebuch *Wer bin ich?*. 2014 folgte der Band *Fragen an das Leben*.

In den letzten zehn Jahren habe ich anderes geschrieben: Romane, Aphorismen, Sachbücher. Doch nichts macht mir mehr Freude, als Fragen zu erfinden.

Da ich ein bisschen älter geworden bin, hat sich der Charakter meiner Fragen leicht verändert. Nun sind es Fragen aus der Mitte des Lebens und für die Mitte des Lebens.

Dieses Buch ist das Gegenteil eines Page-Turners. Nehmen Sie sich Zeit bei der Lektüre. Ruhen Sie bei den einzelnen Fragen aus, bevor Sie zur nächsten hüpfen. So haben Sie am meisten davon. Ja, jetzt sind Sie gefragt.

Viel Vergnügen.

Rolf Dobelli, 2025

Sehen Sie in Ihrer Lebensgeschichte noch einen roten Faden?

Möchten Sie als Sie selbst
wiedergeboren werden?

Gesetzt den Fall, Sie hätten
Ihren Mann / Ihre Frau durch
einen Vermittler kennengelernt.
Rückwirkend betrachtet:
Welches wäre eine angemessene
Provision gewesen?

Glauben Sie, dass Gott die Erschaffung der Welt geplant hat – das heißt, der Punkt stand auf seiner To-do-Liste? Oder ist anzunehmen, dass es sich um einen mehr oder weniger spontanen Einfall handelte?

Fällt es Ihnen schwer, über Ihr
früheres Leben zu sprechen?

Wäre es für Sie eine Erleichterung,
wenn man den Sinn des Lebens ab
sofort online bestellen könnte?

Wenn Ihr Grab dereinst aufgehoben werden wird, um Platz für neue Gräber zu schaffen, was gemäß jeder Friedhofsordnung der Routine entspricht: Wen wünschen Sie sich als Ihren Nachfolger, bzw. wen würden Sie als Ihren Nachfolger nicht akzeptieren?

Wie viel
inneren Frieden
brauchen Sie,
damit Ihnen der
äußere egal ist?

Was passiert öfter in Ihrem Leben?

a) Sie verpassen die Einfahrt
b) Sie verpassen die Ausfahrt

Bald wird es möglich sein,
Neandertaler aus den Genen zu
klonen. Falls das gelingt, wohin gehört
das Neandertaler-Baby?

a) in den Zoo
b) in ein Labor
c) in eine Gastfamilie

Falls Sie c) gewählt haben:
Würden Sie das Kind aufnehmen?

Was wären Sie bereit,
für eine Lampe zu bezahlen,
die Dunkelheit erzeugt?

Angenommen, Sie hätten den Auftrag,
ein neues Testament zu schreiben:
Was müsste drinstehen?

Stichworte genügen.

Haben Sie sich von
Gott in gegenseitigem
Einvernehmen getrennt?

Hätten Sie eine größere
Bedeutung verdient?

Reisen Sie eher,
um zu sich
selbst zu finden
oder um von
sich selbst
wegzukommen?

Würden Sie von einer
fairen Welt profitieren?

Wie viel Dreck muss
einer am Stecken haben,
damit dieser Dreck
von allein abfällt?

Welche Ihrer Lebensziele
schließen sich gegenseitig aus?

Wann hatten Sie das letzte Mal einen originellen Gedanken?

Angabe des Datums.

Wäre es Ihnen lieber, man könnte
die Kalorien hauptsächlich durch
Denken abbauen, oder sind Sie froh,
dass es auch durch Sport geht?

Hat es Gott gut gemacht?

Benoten Sie von 1 bis 6.

Was müssten
Sie tun, damit Sie
mehr Freude
an sich hätten?

Fühlen Sie sich den Tieren,
von denen Sie abstammen,
zu Dank verpflichtet?

Empfinden Sie ab und zu Müdigkeit,
die nicht mit Schlaf zu tilgen ist?

Weiß ein Hund, der Deluxe-
Hundefutter bekommt,
wie privilegiert er ist?
Sollte er es wissen?

Sind Sie für Chancengleichheit
unter den Tieren?

Bis zu welchem Betrag
sind Sie unbestechlich?

a) 100 Euro

b) 1000 Euro

c) 10 000 Euro

d) 100 000 Euro

e) 1 Million Euro

f) 10 Millionen Euro

g) 100 Millionen Euro

h) 1 Milliarde Euro

Würden Sie ein Flugzeug
besteigen, wenn die Maschine,
was schon heute möglich ist,
vom Start bis zur Landung
von einem Computer gesteuert
würde – ohne Anwesenheit
eines Piloten?

Wo findet man die Luxusprobleme
zu den vielen Luxusgütern?

Möchten Sie,
dass man in
tausend Jahren
noch von
Ihnen spricht?

Warum?

Wie groß ist Ihr Notvorrat
an Freunden?

Gelingt es Ihnen ab und zu,
Ihren Lebenspartner so zu betrachten
wie eine fremde Person?

Falls ja, gefällt Ihnen diese
fremde Person noch?

Käme Gott als Keynote-Speaker für Ihre nächste Kundenveranstaltung infrage?

Falls ja, welche Speaker-Fee wären Sie bereit zu bezahlen, und soll er für den anschließenden Imbiss bleiben?

Wie effizient sind Sie im Bett?

Für jeden, der sozial aufsteigt,
braucht es einen, der sozial absteigt.
Möchten Sie dem Absteiger,
dessen Platz Sie als Aufsteiger
einnehmen, persönlich begegnen?

Wenn ja, was würden Sie ihm sagen?

Welche Eigenschaften, die Sie an sich mögen, mögen Sie an anderen nicht?

Wie viel Spaß wird durch Moral vernichtet?

Was ist Ihnen wichtiger:
die Erfahrung selbst oder die
Erinnerung an diese Erfahrung?

Kann es sein, dass Sie nicht mehr an Gott glauben, weil er den Glauben an Sie verloren hat?

Angenommen, es wäre an
Ihnen gewesen, eine kurze
Tischrede anlässlich Jesu Abend-
mahl vor 2000 Jahren zu halten:
Was hätten Sie gesagt?

Bitte um genauen Wortlaut.

Was hat Gott davon, Menschen
zu erschaffen, die seine Existenz
infrage stellen?

Inwiefern besteht der Sinn des Lebens darin, den Sinn des Lebens zu suchen?

Gleichen Ihre Kinder Ihnen
charakterlich? Und wenn ja:
Empfinden Sie dies als
positiv oder negativ?

Hoffen Sie, das Verhalten Ihrer Kinder durch laufende Testamentsänderungen steuern zu können?

Auf wie vielen Abschnitten Ihres Lebens ist eine Weggabelung erst beim Zurückschauen ersichtlich?

Lernen Sie
von Menschen,
die ähnlich
denken wie Sie?

Schaffen wir Menschen
mehr Probleme pro Stunde,
als wir in dieser Zeit lösen?

An den Abfallsäcken auf der Straße abzulesen: Produzieren Sie mehr oder weniger Müll pro Kopf als Ihre Nachbarn?

Falls Sie mehr produzieren, nehmen Sie es als Zeichen größeren Wohlstands?

Wenn Sie weniger produzieren, als Zeichen moralischer Überlegenheit?

Wie soll man den Mond aufteilen
zwischen den Supermächten
und den restlichen Staaten?

Wie machen wir es mit
dem Rest des Universums?

Glauben Sie, außerirdische
Zivilisationen haben die Erde
auch schon unter sich aufgeteilt?

Wie oft funktionieren Ihre Gebete?

Wie oft funktionieren sie nicht?

Erstellen Sie ein simples Säulendiagramm.

Was denken Sie, wie viel Prozent aller Chancen, die Ihnen das Leben geboten hat, haben Sie genutzt? Was schließen Sie daraus?

Angenommen, das Leben wäre unendlich: Bis wie weit in diese Unendlichkeit hinein würden Ihre Ersparnisse reichen?

Wie groß ist Ihre Ahnungslosigkeit?

Nimmt sie mit den Jahren zu oder ab?

Wie viele Bäume müssten Sie pflanzen,
um das allein von Ihnen ausgeatmete
CO_2 zu kompensieren?

Wären Sie ohne Ziele glücklicher?

Was möchten Sie mit
Ihrer Frisur ausdrücken?

Glauben Sie, Sie sind für
die Bakterien Ihres Körpers
so etwas wie eine Heimat –
oder gar ein Vaterland?

Nennen Sie alle Personen und
Organisationen, die sich über
Ihren Tod freuen werden (Erben,
Nachbarn, Immobilienhändler,
Ex-Liebhaber, Erzfeinde, Anwälte,
Krankenkassen, Sozialversicherung,
Bestattungsunternehmer,
Friedhofsgärtner etc.).

Gesetzt den Fall, es hätte schon
damals Reiseversicherungen gegeben:
Glauben Sie, dass Kolumbus
eine abgeschlossen hätte?

Wie viel Spielraum geben
Sie Ihren Gedanken?

Was wäre Ihnen lieber?

a) Sie sind unvergänglich, und alles andere ist vergänglich
b) Sie sind vergänglich, und alles andere ist unvergänglich

Ist Ihr Optimismus eine Form von Leugnung?

Welches sind Ihre Erfahrungen
mit Ihren Erfahrungen?

Glauben Sie,
dass Menschen,
die sich selbst
besser kennen,
glücklicher sind?

An wie vielen Tagen des Jahres gelingt es Ihnen, alles, was Sie sich für den Tag vorgenommen haben, zu erledigen, und was schließen Sie daraus?

Ab welchem Alter hat es sich
abgezeichnet, dass Sie nicht
der Heldentyp sind?

Angenommen, der Leichnam
Ihres Lebenspartners wurde
kremiert: Was würden Sie für
die Garantie bezahlen, dass sich
in der Urne tatsächlich die Asche
Ihres Partners befindet?

Gesetzt den Fall, man könnte
Ihre Gedanken lesen:
Würden Sie anders denken?

Wenn Ihr Leben ein Roman wäre,
wie oft hätten Sie diesen Roman
schon zur Seite gelegt?

Schildern Sie in Stichworten
die Vor- und Nachteile
der Tatsache, dass es Sie gibt.

Wie flexibel sind
Sie in Bezug auf
Ihre Prinzipien?

Reden Sie lieber von der Vergangenheit oder von der Zukunft?

Angabe des Alters.

Gewinnen Sie Menschen mit der Art,
wie Sie sind, mit dem, was Sie tun,
oder mit dem, was Sie besitzen?

Gibt es eine Person, der Sie
den kompletten Inhalt
Ihres Gehirns anvertrauen
würden? Falls ja, wem?

Angenommen, Gott wirft bei Ihrer Geburt eine Münze. Landet sie auf Kopf, so sind Sie Ihr Leben lang ein ehrlicher Mensch, aber jedermann glaubt, Sie seien ein Lügner, Gauner, Betrüger. Landet die Münze hingegen auf Zahl, so sind Sie Ihr Leben lang ein Lügner, Gauner, Betrüger, aber jedermann glaubt, Sie seien ein ehrlicher Mensch.

Was wäre Ihnen lieber – Kopf oder Zahl?

Warum klagen, wenn man
nichts ändern kann?

Warum klagen, wenn man
etwas ändern kann?

Gibt es Lebensanschauungen,
die Sie überwunden haben,
aber trotzdem vermissen?

Angenommen, Sie könnten
rückwirkend dem Club der zwölf
Jünger Jesu beitreten:
Welche Mitgliedergebühr würden
Sie als angemessen betrachten?

Mögen Sie den Geruch Ihrer Haut?

Angenommen,
es stellt sich
heraus, dass alles
nur ein großer
Traum ist:
Wie würden Sie
diesen Traum
deuten?

Was spräche für eine Welt, in der alles, was wichtig ist, unmissverständlich als solches erkenntlich wäre?

Oder finden Sie den aktuellen Rätselcharakter der Welt voller Labyrinthe, Sackgassen und falscher Fährten charmant?

Wären Sie bereit, das beste Jahr
Ihres Lebens einzutauschen,
um die fünf schlimmsten Jahre Ihres
Lebens nicht erleben zu müssen?

Wenn man glücklich ist und
es nicht zeigt, ist das Betrug?

Inwiefern ist die Tatsache,
dass jemand tot ist, ein Beweis
dafür, dass er gelebt hat?

Welches sind die Vorteile von Urlaubsfotos? Bitte ankreuzen.

- ☐ Man kann damit Gäste zurücklangweilen, die einen auch schon mit Urlaubsfotos gelangweilt haben
- ☐ Man sieht, was man alles verpasst hat

Wie sicher sind Sie, dass Ihre
Erinnerungen keine Erinnerungen
an Erinnerungen sind?

Streben Sie noch
nach Glück,
oder genügt
Ihnen schon
Zufriedenheit?

Möchten Sie prominent sein?

Warum?

Kann jemand, den Sie bewundern, bei Ihnen Neid auslösen, oder erlaubt Bewunderung keinen Neid?

Wie schützen Sie sich vor Menschen mit einer starken Ausstrahlung?

Bei welchen der folgenden
Angebote in Ihrem Supermarkt
würden Sie zugreifen?

- □ Freundschaft (vakuumverpackt)
- □ Glück (je laufenden Meter)
- □ Liebe (ohne Ablaufdatum)
- □ Pillen für den sicheren und schmerzlosen Freitod
- □ ein Bäumchen der Erkenntnis von Gut und Böse
- □ Hygienetücher für das Abwaschen von Schuld

Wie alt möchten Sie auf keinen Fall werden?

Wie viel Beifall von der falschen
Seite brauchen Sie, damit Sie
die Seite wechseln?

Freut es Sie, wenn jemand geblitzt wird, der Sie soeben überholt hat?

Wurden Sie auf Ihrem Lebensweg auch schon geblitzt? Oder brauchen Sie sich diesbezüglich eher keine Sorgen zu machen?

Ein Intelligenztest ergibt einen
tieferen IQ, als Sie erwartet haben.
Würden Sie die Qualität des
Intelligenztests anzweifeln?

Würden Sie die Qualität des
Intelligenztests anzweifeln,
wenn er einen höheren IQ zeigt,
als Sie erwartet haben?

Wie sicher sind Sie, dass Ihre Meinung
auch wirklich Ihre Meinung ist?

Welche Utopien haben Sie auf dem Altar der Wirklichkeit geopfert?

Welche Wirklichkeiten haben Sie auf dem Altar Ihrer Utopien geopfert?

Gibt es anstehende Entscheidungen,
die Sie wie einen Schneeball
vor sich her rollen?

Falls ja: Wie groß ist der
Schneeball momentan?

Was fällt Ihnen leichter:
Traumdeutung oder Realitätsdeutung?

Was empfinden Sie, wenn sich Ihre
Freunde untereinander befreunden?

Welche bedeutenden Taten haben Sie nicht vollbracht, weil Sie stattdessen Kinder großgezogen haben?

Kennen Sie Eltern, bei denen Ihre Kinder womöglich besser herausgekommen wären?

Waren Sie sich in der schönsten Zeit Ihres Lebens bewusst, dass es die schönste Zeit Ihres Lebens war?

Wie viele Ihrer Träume sind nur im Schlaf zu verwirklichen?

Angenommen, Sie müssten sich entscheiden zwischen einem Leben ohne Erinnerungen und einem ohne Zukunftsvorstellungen: Welches würden Sie wählen?

Angabe des Alters.

Wenn Sie Geld spenden:
Wie wichtig ist es Ihnen,
dass andere davon wissen?

Wer ist Ihnen sympathischer:

a) jemand, der durch Erbschaft reich geworden ist
b) jemand, der durch die Erbschaft guter Gene reich geworden ist

Nach wie vielen Minuten ohne neue
E-Mail, Text- oder WhatsApp-
Nachricht beginnen Sie, an der
technischen Verbindung zu zweifeln?

Ab wann zweifeln Sie an
Ihrer Wichtigkeit?

Gesetzt den Fall, der Sinn des Lebens bestünde darin, einen gewissen Teil des Privatvermögens den Armen zu schenken: Ab welchem Prozentsatz würden Sie am Sinn des Lebens zu zweifeln beginnen?

Sind Sie mit dem Customer Support
Ihres Lebenspartners zufrieden?

Rechnen sich Ihre Kinder?

Werden wir älter,
um länger zu
leben oder später
zu sterben?

Was macht ein gelungenes Jahrhundert aus? Inwiefern haben Sie für das aktuelle noch Hoffnung?

Wie umfangreich ist der Waren- und Dienstleistungskatalog Gottes?

Was würden Sie zurücksenden, wenn es möglich wäre?

Wo würden Sie Gott auf dem Autismusspektrum einordnen?

Glauben Sie, dass sich die drei Könige
auf ihrer Reise anlässlich Jesu Geburt
über die Sinnhaftigkeit der Geschenke
(besonders Weihrauch und Myrrhe)
ausgetauscht haben?

Wen machen Sie für Ihre
Charakterschwächen verantwortlich?

Warum ist es so schwierig, sich das banale Familienleben großer Philosophen vorzustellen?

Etwa die Vorstellung, wie sich Herr und Frau Aristoteles darüber unterhalten, wer den Müll zu entsorgen habe; oder in welchen Worten Frau Hegel beim Aufstehen ihrem Mann erklärte, dass das mit dem Schnarchen ein Ende haben müsse.

Gott, so die Bibel, hat Israel auserwählt. Welches Volk würden Sie auserwählen?

Hätten Sie statt des einen gern zwei
oder drei Zeitgeiste zur Auswahl?

Leiden Sie an Hunger nach Leben,
oder fasten Sie freiwillig?

Zählen Sie Ihre Bescheidenheit
zu Ihren Stärken?

Wie viel Moral ist noch gesund?

Wie oft kommt es vor, dass man schlechter über Sie urteilt, nachdem man Sie kennengelernt hat?

Glauben Sie, dass Menschen, die nicht glauben, einen Nachteil haben?

Was ist Ihnen angenehmer:
Schuld oder Schulden?

Warum erzeugt äußerer Reichtum
mehr Neid als innerer Reichtum?

Bedrückt Sie der Gedanke,
dass die Menschheit eine
vorübergehende Erscheinung
im Kosmos gewesen sein wird?

Haben Sie, wenn Sie die Illusion
als Illusion erkennen, ein Stück
Wahrheit gefunden?

Wer würde einen höheren Preis erzielen, wenn er seine Seele verkaufte – Sie oder Ihr Lebenspartner?

Überwiegt in Ihrem Leben der seelische
oder der körperliche Schmerz?

Angenommen, Sie könnten
heute dieses Verhältnis für alle Zukunft
neu justieren: In welche Richtung
würden Sie es verändern?

Wenn Sie weder ein anderer werden
wollen noch so bleiben möchten,
wie Sie sind: Was wollen Sie dann?

Sind Sie neidisch auf Tiere,
die sich ihr Leben weniger
kompliziert eingerichtet
haben als Sie?

Falls ja, auf welche?

Kennen Sie Ihren Lebenspartner besser, oder kennt Ihr Lebenspartner Sie besser?

Wie, glauben Sie, würde Ihr Lebenspartner die Frage beantworten?

Nehmen Sie ab und zu
Schlaftabletten?

Falls ja, würden Sie auch
Lebenstabletten nehmen?

Wie unreif muss ein Mensch bleiben, damit er nicht verfault?

Würden Sie Ihre Lebensfreude
in den jungen Jahren rückblickend
als Illusion bezeichnen?

Finden Sie achtzigjährige
Marathonläufer inspirierend?

Warum? Warum nicht?

Welcher Anteil Ihrer Lebens-
erfahrung besteht aus Ängsten?

Stört Sie die biologische, ja
beinahe tierische Art Ihrer Geburt?
Hätten Sie eine reinere Geburt
vorgezogen, in dem sich z. B. ein
Lichtstrahl in Sie verwandelt hätte?

Würden Sie von einem Wechsel
zu einer Welt, in der in der
alle den gleichen Status hätten,
verlieren oder gewinnen?

Wann haben Sie den letzten Tag frei von jeglichen Plänen und Terminen erlebt?

Möchten Sie nach Ihrem Tod
als Statue an prominenter Stelle
in Ihrer Heimatstadt stehen?

Falls ja, was versprechen
Sie sich davon?

Hätten auch Sie sich damals
kreuzigen lassen, wenn Sie gewusst
hätten, was für eine globale
Bewegung Sie damit auslösen?

Ihr typisches Verhalten
im Supermarkt?

- ☐ Sie wissen, was Sie wollen, und navigieren auf kürzestem Weg durchs Getümmel
- ☐ Sie wissen nur ungefähr, was Sie wollen, Sie lassen sich treiben, verführen, inspirieren
- ☐ Sie wissen genau, was Sie wollen, kaufen aber etwas ganz anderes
- ☐ Sie haben keine Ahnung, warum Sie überhaupt in diesem Supermarkt sind

Welche der obigen Antworten beschreibt am treffendsten Ihr Leben?

Verlieben Sie sich leichter in
Ideen oder in Menschen?

Anschlussfrage:
Wovon entlieben Sie sich leichter?

Auf dem Bürgersteig oder auf dem Wanderweg: Sind Sie jemand, der zuerst grüßt, oder warten Sie, bis der andere grüßt, oder versuchen Sie den idealen Zeitpunkt zu treffen, an dem beide gleichzeitig grüßen, damit keiner eine Niederlage einstecken muss?

Würden Sie sich als leidenschaftlich bezeichnen?

Falls ja: Möchten Sie Leidenschaft erleben, so heftig, dass Ihr Leben komplett über den Haufen geworfen wird?

Oder genügt Ihnen Leidenschaft knapp oberhalb der Gleichgültigkeit?

Sie sind in der Villa eines steinreichen Menschen eingeladen. Würden Sie es ihm oder ihr sagen, wenn Ihnen die Villa nicht gefällt? Können Sie das als Mieter einer Durchschnittswohnung überhaupt beurteilen?

Wie reagieren Sie, wenn Sie
das hässliche Baby eines Freundes
zum ersten Mal sehen?

Wie viele Seiten braucht es für eine Zusammenfassung Ihres Lebens?

Von den Tausenden Nachrichten-
meldungen, die Sie in den letzten
Jahren konsumiert haben, nennen
Sie mindestens eine, die Sie
persönlich weitergebracht hat.

Leiden Sie unter Allergien
oder Unverträglichkeiten?

Zutreffendes bitte ankreuzen.

□ Menschen

□ Kritik

□ neue Ideen

□ sich selbst

Muss man Menschen mögen?

Auf welche Misserfolge sind Sie stolz?

Wenn Sie an überzeugende Figuren der Weltgeschichte denken, etwa an Sokrates, Buddha, Jesus, Kierkegaard, Mandela: Glauben Sie, dass sie ihr Wirken auch unter anderen Bedingungen hätten entfalten können?

Wie steht es mit Ihnen?

Leidet jemand, der keine
Freude empfinden kann?

Beneiden Sie Märtyrer? Oder beruhigt Sie die Tatsache, dass keine Ihrer Ansichten so wichtig ist, dass Sie bereit wären, Ihr Leben dafür zu opfern?

Können Sie sich noch selbst überraschen?

Gesetzt den Fall, es gibt einen Erlöser: Wovon genau möchten Sie erlöst werden?

Hätten Sie gern ein physikalisches Gesetz, das das Verhalten Ihres Lebenspartners vorhersagt?

Oder sind Sie froh, dass es dieses Gesetz nicht gibt?

Von wem geht die Versöhnungs-
initiative nach einem Streit
üblicherweise aus: von Ihnen oder
von Ihrem Lebenspartner?

Falls Sie es sind: Empfinden Sie
Ihr Verhalten als Stärke oder
als Niederlage?

Welche Strafe erwartet uns, wenn wir die Naturgesetze übertreten?

Ist Ihre Weltanschauung schon zum Gefängnis geworden?

Würden Sie, wenn es biologisch machbar wäre, als Mann freiwillig Ihre Kinder austragen?

Angenommen, es gibt Menschen, die komplett anders sind als Sie, Menschen, die kein bisschen Verständnis aufbringen für die Art, wie Sie Ihr Leben führen: Wer, glauben Sie, könnte mehr lernen – Sie von diesen anderen Menschen, oder diese anderen Menschen von Ihnen?

Wie oft kommt es vor, dass Sie sich
selbst beneiden, wenn Sie sich
in einem Anflug von Empathie in
die anderen hineinversetzen?

Erleben Sie Gefühle, für die es keine Wörter gibt? Oder begnügen Sie sich mit den herkömmlichen Gefühlen?

Wann sind Sie zum letzten Mal barfuß über eine Wiese gegangen?

Gesetzt den Fall, Sie sind Atheist,
doch nach dem Tod stellt sich heraus,
dass es Gott tatsächlich gibt:

Wie würden Sie sich bei ihm für
den Spott entschuldigen,
mit dem Sie ihn während Ihres
Lebens überschüttet haben?

Was wären Sie bereit zu tun, damit Sie
Ihren gegenwärtigen Status auch
im Jenseits behalten können?

Wessen guten Ruf könnten Sie
ruinieren – etwa, weil Sie etwas
über diese Person wissen, das diese
vor der Öffentlichkeit verbirgt?

Weiß die betreffende Person das?

Falls ja: Ziehen Sie schon
heute Vorteile daraus?

Welches sind Ihre liebsten
Ausreden, um nicht tun zu müssen,
was Ihnen wichtig ist?

Wann hatten Sie
Ihren letzten
schönen Traum?

Würden Sie Ihre Seele als
Eigentum bezeichnen?

Können die Nachbarn, die Sie nicht ausstehen können, Sie ausstehen?

Sie treffen unverhofft auf einen Bekannten aus fernen Jugendtagen, dessen Namen Sie vergessen haben. Geben Sie dann zu, seinen Namen vergessen zu haben, oder überspielen Sie es?

Welche Form hat Ihre persönliche Bedürfnispyramide?

Wie würden Sie
das Leben planen,
wenn es nicht
endlich wäre?

Stimmt es Sie fröhlich oder
melancholisch, wenn Sie sich
an Fröhliches erinnern?

Was macht das Unwesentliche
so attraktiv?

Wenn niemand sehen könnte,
welchen Leuten Sie in den sozialen
Medien folgen, würden Sie
denselben Leuten folgen?

Würden Sie sich für bessere
Lebensbedingungen auf
dem Mars einsetzen?

Wie fühlen Sie sich, wenn Sie daran denken, dass Sie mit dem Salat, den Sie verspeisen, entfernt verwandt sind?

Braucht es eine Mindestanzahl
an Toten, damit Sie einen Krieg
als Krieg bezeichnen?

Gibt es Dinge, die Sie nicht
einmal denken möchten?
Wenn ja, welche?

Sie treffen einen Freund, der wahrlich glücklicher ist als Sie. Welchen Einfluss hat das Treffen auf Ihre Stimmung?

a) Sie hebt sich

b) Sie verschlechtert sich

Kann ein Mensch, der so übermenschlich ist, dass er Sie noch nie enttäuscht hat, ein Freund sein?

Sind Sie lieber
sicher oder
stilsicher?

Wie oft denken Sie beim Befahren einer Autobahn, einer Passstraße oder eines Tunnels an die Arbeit, die in ebendiesen Bauwerken steckt?

Empfinden Sie dieselbe Gleichgültigkeit beim Lesen eines Romans oder wenn Freunde für Sie kochen?

Wer sieht im Schnitt besser aus:
Kleider oder ihre Träger?

Angenommen, Sie würden
jedes Erlebnis sofort und
unwiederbringlich vergessen:
Selbst die Fotos und Videos
davon wären verschwunden.
Würden Sie weiterhin Geld
für Ferien ausgeben?

Stört Sie die Tatsache, dass
ein großer Teil Ihres Denkens
unbewusst abläuft?

Oder wären Sie zufriedener,
wenn alles unbewusst bliebe?

Würden Sie anders leben,
wenn Sie von außen auf
Ihr Leben blicken könnten?

Verstehen Sie Steuerbetrüger,
die sich für den Dienstleistungs-
betrug des Staates rächen?

Was würde Sie nervöser machen:

a) Sie haben das Geburtsdatum Ihres Lebenspartners vergessen
b) Sie haben das Passwort Ihres Handys vergessen

Es gibt Schriftsteller, die sich
Interviews strikt verweigern und
ihre Werke für sich sprechen lassen
(Thomas Pynchon, Patrick Süskind,
J. D. Salinger, Harper Lee etc.).

Entspricht Gott diesem Typ?

Falls ja: Sprechen seine Werke für ihn?

Was denkt der Vogel, wenn
er ein Flugzeug sieht?

Wie verlockend ist für Sie
die Vorstellung, nach dem Jenseits
gäbe es wiederum ein Jenseits?

Wären Sie lieber produktiver oder einsichtiger?

Wären Sie für Strafzölle auf den Handel mit außerirdischen Zivilisationen?

Wenn Sie Menschen auf der Straße
beobachten – ihren schnellen Schritt,
ihren richtungsweisenden Blick:
Fragen Sie sich dann, ob diese
Zielstrebigkeit nur eine Fassade
ist und diese Leute im Grunde
genauso ziellos sind wie Sie?

Es gibt hundert Milliarden
Galaxien im Universum. Mehr als
genug für uns alle. Würden Sie
zu einem vertretbaren Preis
eine für sich erwerben?

Gibt es zeitgenössische Kunst,
die Sie verstehen?

Was fällt Ihnen leichter: Ehrlichkeit mit anderen oder Ehrlichkeit mit sich selbst?

Hoffen Sie, dass man einmal
an den Punkt gelangen wird,
an dem alles erforscht ist?

Oder hoffen Sie, dass die Suche
nach Wahrheit endlos weitergeht?

Was passiert häufiger: dass Sie sich im Weg stehen oder dass andere Ihnen im Weg stehen?

Wenn jemand das Hundertfache
von Ihnen verdient, tröstet es Sie,
dass diese Person nicht hundertmal
glücklicher sein kann als Sie?

Haben Sie durch Ihre Existenz
die Welt ein bisschen besser oder
ein bisschen schlechter gemacht?

Antworten Sie aufrichtig.

Glauben Sie, Gott hat vor dieser Welt schon mal eine erschaffen? Oder ist das sein erster Versuch?

Angenommen, Sie könnten mit Tieren sprechen: Was würden Sie zum Beispiel den Walen sagen?

Angesichts des Zeitgeschehens:
Schämen Sie sich manchmal
für Ihre gute Laune?

Welche Dinge würden Sie
lieber nicht wissen?

Wie überzeugend sind
Ihre Überzeugungen?

Finden Sie es fair, dass Bäume
langsamer altern als Sie?

Ab welchem Steuersatz wären
Sie bereit, Ihren Lebensmittelpunkt
in eine Diktatur zu verlegen?

Angenommen, Sie finden ein technisches Objekt, das von außerirdischen Besuchern hinterlassen wurde: Dieses Objekt hat einen Knopf.

Würden Sie den Knopf drücken?

Ist Ihr Charakter noch ein Problem?

Wie beurteilen Sie die Qualität
Ihrer Gedanken?

Welche Ihrer Lebensziele gefallen Ihnen nicht mehr?

Sprechen die Tatsachen auf
der Erde eher für den Schöpfer-
gott oder einen Demiurgen,
dem die Menschen egal sind?

Würden Sie die Frucht, die Eva vom
Baum gepflückt und gegessen hat,
als »low-hanging fruit« bezeichnen?

Genießen Sie es, zur möglicherweise
letzten Generation zu gehören,
die sich allein im Universum wähnt?

Was kommt häufiger vor:

a) Sie sind einsam, aber nicht allein

b) Sie sind allein, aber nicht einsam

Was ist Ihnen lieber?

Angenommen, Sie hätten
die Möglichkeit, einen Tag
Ihres Lebens ungeschehen
zu machen: Welcher wäre es?

Wie viele verschiedene innere Stimmen hören Sie?

Haben Sie eine Lieblingsstimme?

Stört es Sie, dass der Moment, den Sie jetzt erleben, in der Geschichte des Universums nie mehr auftreten wird?

Wenn Sie heute vor den jungen
Menschen voller Lebensträume
zu treten hätten, der Sie einst waren:
Wie rechtfertigen Sie sich?

Würde es Sie erleichtern,
wenn Sie die Möglichkeit hätten,
Ihr Leben mit einem Tastendruck
rückgängig zu machen?

Wie hoch ist – verglichen mit
dem durchschnittlichen Angebot
von Streamingdiensten – der
Unterhaltungswert Ihres Lebens?

Wie oft hat Ihr persönlicher Stolz verhindert, sich zu verändern?

Möchten Sie wissen, was Ihr Haustier über Sie denkt?

Wie viel Überschuss an Talent muss
jemand haben, um einen Mangel
an Charakter auszugleichen?

Wo liegt Ihre Belastungs-untergrenze?

Wie viel Staub bleibt an einem hängen,
wenn man sich aus dem Staub macht?

Wovor würden Sie sich fürchten,
wenn man mit einer Art Taschenlampe
in Ihr Unbewusstes leuchten könnte?

Wären Sie erleichtert, wenn sich herausstellen würde, dass Ihr Unbewusstes komplett leer ist?

Mit wem würden Sie eine
Gefängniszelle teilen?
Mit wem nicht?

Teilen Sie schon heute eine
Gefängniszelle mit jemandem?

Von welchen gibt es mehr?

a) Menschen, die Sie achten, aber nicht mögen
b) Menschen, die Sie mögen, aber nicht achten

Glauben Sie, Maria und Josef konnten den Besuch der drei Könige anlässlich Jesu Geburt auch ein bisschen für ihr eigenes Networking nutzen?

Stimmt es Sie traurig, dass anlässlich Ihrer Geburt keine drei Könige erschienen sind; nicht mal einer?

Was hatte die Schlange davon,
Adam und Eva zu verführen?

Nach welchem Algorithmus
entscheidet das Schicksal sich
für seine Schläge?

Erwarten Sie
so etwas wie
Schicksal im
Jenseits?

Aus wie vielen Kilometern
Distanz müsste man sich sehen,
um sich objektiv zu sehen?

Möchten Sie Ihrer Zeit voraus sein
und dafür die Feindseligkeit ertragen,
die Ihnen deshalb entgegenschlägt?

Welche falschen, aber vorteilhaften
Gerüchte über Sie lassen Sie
unkorrigiert im Umlauf?

Welchen zusätzlichen Betrag
würden Sie bezahlen, wenn die
Rettungsboote des Kreuzfahrtschiffs,
auf dem Sie Ihre Reise gebucht haben,
ihrerseits Rettungsboote hätten?

Wie oft
vertuschen Sie
kleine Fehler
durch einen
großen?

Wann werden Sie den Ausnahme-
zustand, den man seit Geburt über
Ihr Leben verhängt hat, aufheben?

Wie nahe müssen Sie jemanden an sich heranlassen, damit er Sie versteht?

Was empfinden Sie, wenn Sie entspannt in der Business Class sitzen, Champagner in der Hand, und die Masse an Ihnen vorbei nach hinten Richtung Economy Class drängt?

a) Triumph
b) Mitleid
c) Scham

Was empfinden Sie im gegenteiligen Fall? Falls Sie nichts anderes als die First und Business Class kennen, antworten Sie im Konjunktiv.

Gesetzt den Fall, Sie haben
den Sinn des Lebens gefunden:

Woher wissen Sie,
dass die Antwort stimmt?

Fühlen Sie sich den Menschen,
die den Sinn des Lebens noch nicht
gefunden haben, überlegen?

Fühlen Sie sich verpflichtet,
den Rest der Menschheit von Ihrer
Antwort zu überzeugen?

Kommt es noch vor, dass Sie sich
in Ihre Gedanken verlieben?

Der wahre Sinn des Lebens hat sich Ihnen offenbart, aber Sie handeln nicht danach. Welche der folgenden Ausreden sind legitim:

- □ Der Lebenssinn ist nicht kompatibel mit Ihrem Lebensstil
- □ Der Sinn des Lebens entspricht nicht dem, was Ihnen wichtig ist
- □ Das können Sie sich in Ihrer Position nicht leisten
- □ Der offenbarte Sinn macht keinen Spaß
- □ Den Sinneswandel könnten Sie in Ihrem CV nicht plausibel darstellen

Wie viele Menschen kennen
Sie wirklich?

Wie sympathisch
sind Ihnen
Menschen,
die Ihnen nichts
nützen?

Wenn Sie einen Unbekannten treffen:
Nach wie vielen Sekunden haben Sie
sich Ihre Meinung gemacht?

Nach wie vielen Sekunden, hoffen Sie,
urteilen die anderen über Sie?

Wären Sie erfolgreicher, wenn der erste Eindruck prinzipiell nicht zählen würde?

Was fällt bei einer Begegnung schärfer aus: Ihr Vorurteil oder Ihr Urteil?

Über welchen Menschen, der über
Sie lästert, lästern Sie nicht?

Für die Erzeugung welcher
Bedürfnisse sind Sie den Marketing-
experten ein Leben lang dankbar?

Wie groß wären die
Demonstrationen, wenn
man Sie grundlos
ins Gefängnis sperrte?

Was ist leichter zu ertragen: gerechtfertigte Kritik oder ungerechtfertigte?

Warum?

Angenommen, es gäbe nicht zwei,
sondern drei Geschlechter,
die zusammenfinden müssten,
um sich fortzupflanzen:

Wie, glauben Sie, würde dies unser
Zusammenleben verändern?

Welche Tiere bräuchte es Ihrer
Meinung nach nicht?

Angenommen, Sie wären der erste Mensch, den sich außerirdische Besucher für ein Treffen ausgesucht haben und das Treffen fände heute Abend kurz vor Sonnenuntergang auf einer einsamen Waldlichtung statt: Wie bereiten Sie sich darauf vor?

Sollte der Mond Ihrer Meinung nach zum Naturschutzgebiet erklärt werden?

Besitzen Sie noch Offshore-Konten, oder haben Sie schon Off-Earth-Konten?

Möchten Sie wissen, bei wie vielen
Leuten Sie im Spamfilter landen?

Was hält Affen davon ab zu glauben, sie würden vom Menschen abstammen?

Würde es Ihr Selbstwertgefühl
steigern, einer Tierart anzugehören,
die vom Aussterben bedroht ist?

Wie oft hätten Sie gern
eine Pistole, die den anderen
nur zum Schweigen bringt?

Passiert es Ihnen oft, dass Sie an
einem Gedanken schleifen und
schleifen, bis nichts mehr dran ist?

Haben Sie sich schon einmal so tief
in die Gedanken eines anderen
versenkt, dass Sie Angst hatten,
nicht mehr zurückzukehren?

Wie entsorgen Sie Ihren geistigen Abfall? Trennen Sie ihn?

Wenn Sie keine gute Idee haben,
nehmen Sie dann lieber eine
schlechte oder gar keine?

Gehören Sie mit Ihren Problemfeldern
schon zu den Großgrundbesitzern?

Wie sinnvoll ist Ihre Arbeit wirklich – das heißt, ohne dass Sie es sich einreden?

Wie wichtig ist es für eine moderne Volkswirtschaft, dass Menschen bereit sind, ihrer Leidenschaft nicht nachzugehen?

Ist Glaube eine Entscheidung?

Wird es Ihnen manchmal
unheimlich, wenn Sie daran
denken, wie Milliarden von Zellen
Ihres Körpers funktionieren,
ohne dass Sie befehlen müssen?

Wünschen Sie sich dasselbe in
Bezug auf Ihre Mitarbeiter:innen
und Ihre Frau / Ihren Mann?

Möchten Sie wissen, wo Ihre entsorgten Kleider enden, wer in welchen Entwicklungsländern Ihre veralteten Jeans trägt – oder möchten Sie es gerade nicht wissen?

Würden Sie Ihre innere Stimme ernster nehmen, wenn sie von außen käme?

Wenn jemand alles über Sie wüsste, könnte er Sie dann in irgendeiner Form erpressen?

Falls ja, Angabe des Maximalbetrags in Dollar.

Wenn Sie Denkmäler betrachten: Erstaunt es Sie, dass die dargestellten Menschen für Ihr Leben vollkommen irrelevant sind?

Welche der heutigen Philosophen
sollte man zwingen, einen
Schierlingsbecher zu trinken?

Falls Ihnen keiner einfällt:
Was bedeutet das für
die heutige Philosophie?

Wofür wird man uns in
500 Jahren auslachen?

Was stört Sie mehr?

a) Ihr Freund ist erfolgreicher als Sie
b) Ihr Freund ist glücklicher als Sie

Wie lieb sind Ihnen Freunde,
die Ihnen zuliebe lügen?

Das Zerbrechen welcher Freundschaft
würde Sie befreien?

Wie viele Ihrer Gedanken sind
keine Gemeinplätze?

Nennen Sie mindestens drei.

Sind Sie für die Ehe überqualifiziert?

Wen lieben Sie mehr: Ihre Kinder oder Ihren Lebenspartner?

Finden Sie es schade, dass bei
der Zeugung Ihrer Kinder
Ihre Gene verwässert wurden?

Wie benutzerfreundlich ist
Ihre Frau / Ihr Mann?

Mit welchen Mitteln dämmen Sie
die Selbstverwirklichung Ihres
Lebenspartners präventiv ein?

Könnte man aus der Art,
wie Sie Ihre Zeit einteilen,
ableiten, was Ihnen wichtig ist?

Was würden Sie mit einer
fünfundzwanzigsten Stunde
des Tages anfangen?

Wie originell ist die Architektur
Ihrer Luftschlösser?

Inwiefern könnte man
die Erde als eine große
Kreditkarte bezeichnen?

Warum ist es
leichter, aus Zeit
Geld zu machen
als aus Geld Zeit?

Verläuft Ihr Lebensweg schon
in Richtung Steuerparadies?

Wäre Steuerbetrug für
Sie eine Option, wenn Sie
sicher sein könnten, dass man
Ihnen erst nach Ihrem Tod
auf die Schliche käme?

Was ertragen Sie leichter:
die Umwelt- oder die Steuerbelastung?

Sind Sie froh um die Leitplanken
auf Ihrem Weg zum Erfolg,
oder verhindern sie die Abzweigung
auf den Weg zum Glück?

Gesetzt den Fall, Sie verdienen
Millionen als Unternehmer
oder Topmanagerin:

Wie viel Ihres Erfolges beruht auf
der Tatsache, dass Straßen da sind und
Brücken, Schulen und Universitäten,
Gerichte und Kanalisationsleitungen?

Wie viel verdanken Sie Ihren
Genen, für die Sie nichts können,
und dem Jahrhundert, in das
hinein Sie geboren sind?

Angabe jeweils in Prozent.

Wie sympathisch sind Ihnen
Menschen mit einem Lebenssinn,
dem sie konsequent alles unterwerfen?

Wie viele Menschen kennen Sie, die ihren Beruf nicht verfehlt haben?

Wie weit hinter Ihren Karriere-
chancen zurück liegt Ihre
verwirklichte Karriere?

Glauben Sie, dass Sie in
einer früheren Epoche
bessere Karrierechancen
gehabt hätten?

Wie humanitär ist jemand,
der Tiere in einer Arche rettet
und seine Mitmenschen
den Fluten überlässt?

Würden Sie auf
Ihre innere
Stimme schneller
reagieren, wenn
sie als WhatsApp-
Nachricht
daherkäme?

Vergießen Sie Tränen eher
nach innen oder außen?

Wie locker ist Ihre Geldpolitik?

Verdirbt es Ihnen den Appetit,
wenn Sie beim Verzehr von Wurst
an die Schweine denken, die dafür
geschlachtet werden mussten?

Falls ja, würde es Ihr Gewissen
beruhigen, wenn Sie wüssten,
dass Ihre Überreste eines Tages
an Schweine verfüttert würden?

Gesetzt den Fall, Gott würde Ihre Gebete nicht direkt hören, sondern er würde Ihr Anliegen von einem Assistenten bearbeiten lassen: Inwiefern würden Sie anders beten?

War Jesus der Versuch Gottes zu delegieren?

Angenommen, Sie würden Gott
unerwartet in einem Aufzug treffen:
Wie lautet Ihr Elevator Pitch?

Welche Abfindung hätten wir
den Göttern bezahlen müssen,
als wir sie durch den einen,
der alles kann, ersetzten?

Wie viel
Lebensqualität
wäre Ihnen
zu viel?

Angenommen, Sie wären
von den Toten auferstanden
und hätten genau 24 Stunden,
bis Sie wieder ins Totenreich
verschwänden: Was würden Sie
in diesen 24 Stunden tun?

Würde Sie die Vorstellung stören, ein gebrauchtes Totenhemd zu tragen?

Wenn das Totenhemd doch
eine Tasche hätte, eine winzige,
vielleicht zwei Finger breite,
versteckte Tasche, in die man etwas
hineinstecken könnte für das Jenseits:

Was würden Sie einstecken?

- □ Ihren Ehering
- □ Ihre Kreditkarte
- □ ein Gläschen Schnaps
- □ das Vaterunser
  (zum Nachschlagen)

Sind Sie bereit, Ihren Körper
nach Ihrem Tod der Forschung
zur Verfügung zu stellen?

Falls ja: Würde es Sie stören,
wenn der erste Forscher Teile
Ihres Körpers, die er nicht brauchen
kann, an andere Labors verteilen
würde? An wie viele Labors möchten
Sie maximal verteilt werden?
Oder möchten Sie an möglichst
viele Labors verteilt werden?

Welche Dinge (z. B. Fotos, Liebes-
briefe, Kontoauszüge) hätten Sie
gern als Grabbeigabe?

Wie oft kommt es vor, dass Sie jemanden anrufen und hoffen, ihn nicht zu erreichen?

Wie gut täte Ihnen ab und zu
eine Pause vom Leben?

Welche Ziele verfolgen Sie
mit Ihren Zielen?

Muss Gott von mir erhört werden,
bevor ich von ihm erhört werde?

Wie oft müssen Sie Ihren
Kopf in den Sand stecken,
um Hoffnung zu finden?

Verletzen Sie sich ab und zu
an scharfen Gedanken?

Vor welcher Frage fürchten Sie sich am meisten?